That Man Who Came to Us
Copyright 2010 by Sawai Chinnawong and Paul H. DeNeui

Published by William Carey Library
1605 East Elizabeth Street
Pasadena, CA 91104 | www.missionbooks.org

Johanna Deming and Francesca Gacho, copyeditors
Jonathan Pon, graphic design
Felicia Hartono, graphic design intern

William Carey Library is a ministry of the U.S. Center for World Mission
Pasadena, CA | www.uscwm.org

Printed in the United States of America

14 13 12 11 10 5 4 3 2 1 BP5002010

Library of Congress Cataloging-in-Publication Data

Sawai Chinnawong.
  That man who came to us / Drawings and text by Sawai Chinnawong &
Paul H. DeNeui.
    p. cm.
  ISBN 978-0-87808-014-4
  1. Jesus Christ--Biography--Sources, Biblical. I. DeNeui, Paul H. II.
Title.
  BT299.3.S29 2010
  232.9'01--dc22
  [B]

                                                    2009054370

คนนั้นแหละ
That Man

ที่มาอยู่กับเรา
Who Came to Us

วาดภาพและคำอธิบายโดย

ไสว ชินวงค์ และ พอล ฮ. ดนัย

Drawings and Text by

Sawai Chinnawong & Paul H. DeNeui

คำนำ

เรื่องราวของพระเยซูคริสต์ที่ได้เคยถูกนำเสนอ
ออกมามากมายหลายครั้งหลายคราแล้วนั้น
มักมีความแตกต่างกันในเรื่องภาพลักษณ์ของพระเยซูคริสต์
ซึ่งจะเป็นไปตามลักษณะของชนชาติผู้วาด
ในสมัยพระคริสตธรรมคัมภีร์เปรียบพระเยซูคริสต์
เป็นดังกิ่งใหม่ที่แตกหรืองอกออกจากกิ่งไม้เก่า
โดยที่ประชาชนในสมัยนั้นก็ไม่ได้ต้อนรับพระองค์
คณะผู้จัดทำหนังสือเล่มนี้มีความมุ่งหวังที่จะเสนอ
เรื่องราวของพระองค์ ในสายตาของคนไทย
ประหนึ่งผู้วาดภาพในหนังสือเล่มนี้ซึ่งได้วาดภาพ
เรื่องของพระเยซูคริสต์เป็นลายเส้นแบบจิตรกรรมไทย
เสมือนพระองค์ได้ดำรงชีวิตอยู่ในวิถีชีวิตของคนไทย
โดยยังคงรักษาเค้าโครงเรื่อง
ตามพระคริสตธรรมคัมภีร์ทุกประการ

ไสว ชินวงค์
พอล ฮ. คนัย
เชียงใหม่

INTRODUCTION

Who is that man? The story of the life of Jesus has been presented many times and in many ways. The images used to express him also vary widely according to the ethnic background of the artist.

Jesus was described as a new shoot growing out of an old stump that was so common that people in his day did not recognize him. Here we wish to share the story of Jesus through the eyes of Thai people as he lives and breathes as one of us. In this book the artist has used the traditional Thai style of drawing to communicate the importance of Thai lifestyle and culture.

It is our desire that through this cultural encounter you may experience him in a new and meaningful way that will faithfully represent the message of his story as found in the verses from the Bible listed in each of the pages.

See "About the Pictures" on page 91 for overviews and cultural notes on the illustrations.

Sawai Chinnawong
Paul H. DeNeui
Chiang Mai, Thailand

ตามพระสัญญาของพระเจ้า
หญิงธรรมดาคนหนึ่ง จึงให้กำเนิดคนนั้น
ผู้ที่จะมาอยู่กับเรา

อิสยาห์ 7:14 ลูกา 1:26-38

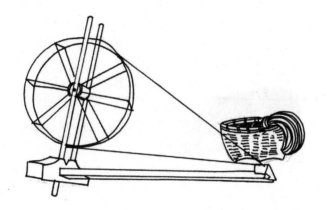

As he promised,
God chose an ordinary girl
to bring the life of that man into our world.

Isaiah 7:14, Luke 1:26-38

เขาเกิดมาอย่างต้อยต่ำ
เพื่อผู้คนทุกระดับจะได้เข้าชิดใกล้

ลูกา 2:1-7

He was born in humility
so that all people can come
close to him.

Luke 2:1-7

การมาเกิดของเขานำความปลาบปลื้มยินดีสู่ชนผู้ต่ำต้อยในสังคม

ลูกา 2:8-20

His birth brought joy
to people of low status,
Luke 2:8-20

และนำความยินดิมาสู่
ผู้แสวงหาสัจธรรม
จากแดนไกล

มัทธิว 2:1-12

And also fulfilled
the religious searching
of foreign scholars.

Matthew 2:1-12

4/11/05

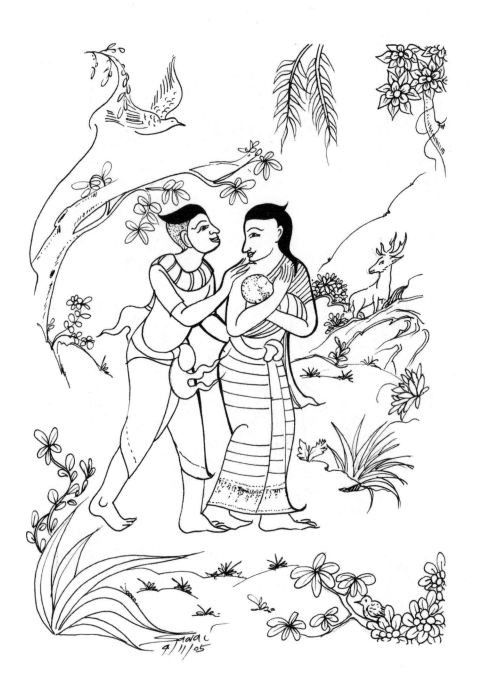

จากวันที่ถือกำเนิด
ก็มีคนต้องการกำจัดเขาเสียแล้ว

มัทธิว 2:13-21

From his birth, there were those
who wanted to kill him.
Matthew 2:13-21

แต่เขาก็อยู่รอดปลอดภัย
โดยพระเจ้าทรงพอพระทัย
อีกทั้งคนทั่วไปต่างชื่นชม

ลูกา 2:52

Saved from the first danger,
he developed in body and spirit,
pleasing to God and people.

Luke 2:52

ในวัยเด็กเขามีสติปัญญาล้ำเลิศ
กระทั้งผู้อาวุโสทั้งหลาย
ยังต้องประหลาดใจ

ลูกา 2:41-50

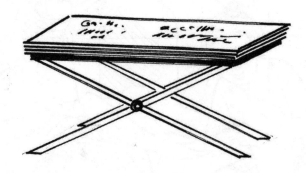

As a youth
he had wisdom
that surpassed that of his elders.
Luke 2:41-50

3/28/05

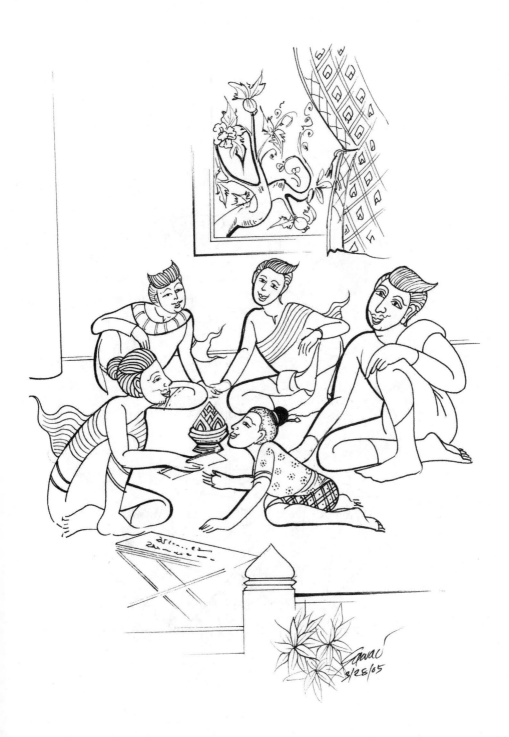

เมื่อเขาเติบโตเป็นผู้ใหญ่
ได้ทำงานเป็นช่างไม้
จนย่างเข้าสู่วัยสามสิบปี

มาระโก 6:3 ลูกา 3:23

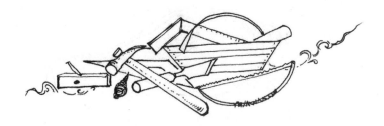

When he grew up
he worked as a carpenter
until the age of thirty.

Mark 6:3, Luke 3:23

เขาวางตนเช่นปุถุชนทั่วไป
แต่แท้จริงแล้ว
ความผิดบาปของเขาไม่มีเลย

มัทธิว 4:13-17 ฮีบรู 2:17

Willingly, he identified
with sinful people
even though he himself had no sin.

Matthew 4:13-17, Hebrews 2:17

และเขาได้เข้าสู่การทดลอง
อย่างคนทั่วไป
แต่ไม่เคยแพ้พ่ายสักครั้งเดียว

ลูกา 4:1-13

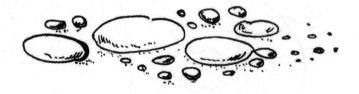

He was tempted in every human way
but never gave in to those temptations.

Luke 4:1-13

เนื่องด้วยเขาอ้างตนเสมอพระเจ้า จึงถูกชาวประชาขับไล่ไสส่ง อย่างปองร้ายต่อชีวิต

ลูกา 4:16-30

People from his home town rejected him
because they could not accept
who he claimed to be.

Luke 4:16-30

เขาออกรอนแรมไปยัง
หมู่ชนต่างชาติที่แดนไกล
และเผยแผ่สัจธรรมแก่มวลประชาชาติ

มัทธิว 4:13-17

From there he moved
to where he could better
reach people of many nationalities.

Matthew 4:13-17

3/29/05

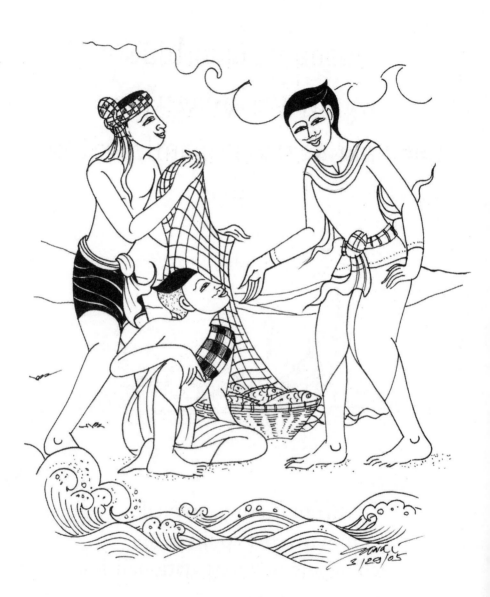

เหล่าคนที่ถูกมองไร้ค่า
แต่เขาได้เลือกเอามา
เป็นสาวกติดตาม

ลูกา 5:1-11

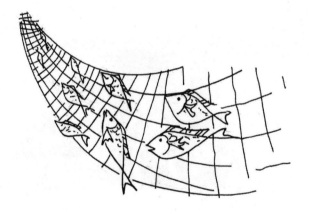

Those he called to follow him
were neither religious
nor the most qualified.

Luke 5:1-11

ในคืนดึกสงัด
ผู้เชี่ยวชาญในศีลธรรม
ได้ลอบแอบมาพบเขา

ยอห์น 3:1-21

Yet religious leaders sought him out
to find answers
to life's deepest questions.

John 3:1-21

33

เออ! คนนี้แหละที่ได้น้อมรับเสียงร้อง
แห่งความเจ็บปวดทุกข์ยากของผู้คน

มัทธิว 9:35-36

That man had a heart of compassion
for all people.

Matthew 9:35-36

เขาคนนี้แหละ
ที่ใส่ใจคนจน
ผู้อยู่ริมขอบของสังคม

ยอห์น 4:4-42

He deliberately took time
to draw near to social outcasts.

John 4:4-42

คนคดโกงชั่วช้า เขารับเอามาเป็นมิตร
เพื่อช่วยชำระจิตให้ถึงธรรม

ลูกา 19:1-10

Cheaters and thieves he befriended,
and turned their hearts towards truth.

Luke 19:1-10

2/21/05

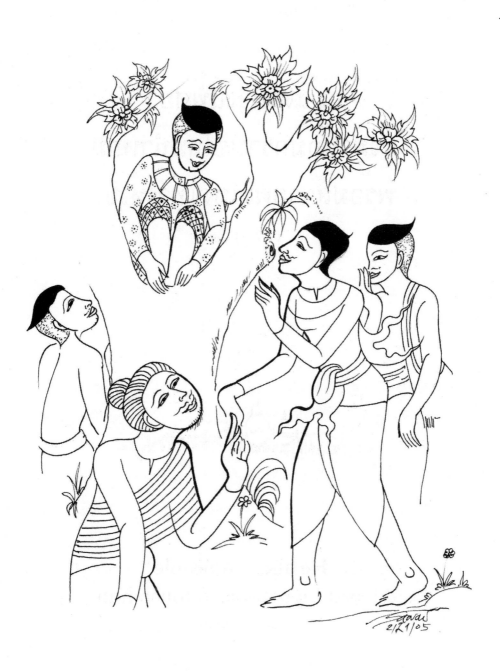

แม้แต่หญิงแพศยา
ยังมาน้อมกราบชโลมน้ำหอม
พร้อมสยายผมเช็ดเท้าให้เขา

ลูกา 7:36-50

He allowed people
of bad reputation to touch him.

Luke 7:36-50

Sawa c
2/18/05

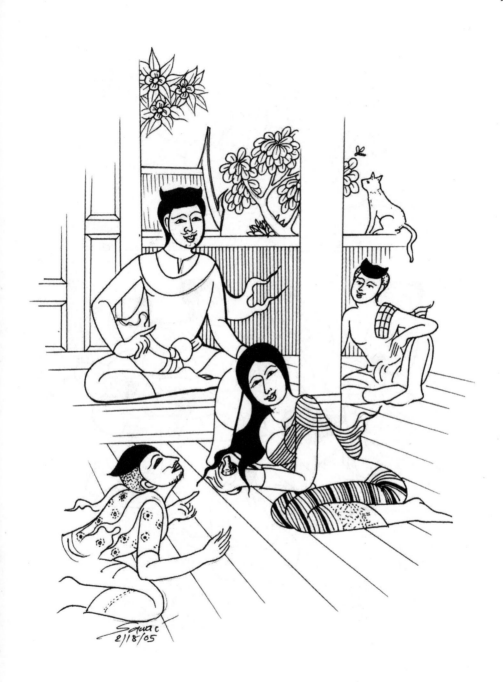

เด็กเล็กไร้เดียงสา
มารุมล้อมหน้าล้อมหลัง
เขาก็ยังอุ้มไว้แนบทรวงอก

มาระโก 10:13-16

Even the least significant members
of society he embraced.

Mark 10:13-16

ณ เนินภูผา
เขาประกาศตัว
เป็นหนึ่งเดียวกับพระเจ้า

มัทธิว 17:1-9

He revealed himself to be one with God.

Matthew 17:1-9

ขณะที่ข่าวแพร่ออกไป
ผู้คนมากมายก็มา
เพราะมุ่งหวังเขาช่วยรักษาให้หายดี

มาระโก 2:1-5

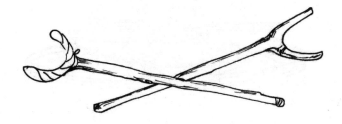

As the word about him spread, people brought friends to him because they knew he cared.

Mark 2:1-5

ยามผู้คนหิวโหย
เขาหาอาหารเลี้ยงดูอย่างถ้วนทวีคูณ

มัทธิว 14:13-21

When people were hungry,
he fed them.

Matthew 14:13-21

เมื่อคลื่อนลมโหมกระหน่ำชีวิต
เขาคือผู้พิชิตนำพ้นภยันตราย

มาระโก *4:35-41*

When they were afraid
he calmed their stormy hearts.

Mark 4:35-41

แม้บรรดาคนตาบอดมืดมิด
เขายังได้รักษาให้เป็นความสว่าง
ทั้งทางกายและจิตใจ

มาระโก *8:22-30*

He gave sight to the physically
and spiritually blind.

Mark 8:22-30

4/22/04

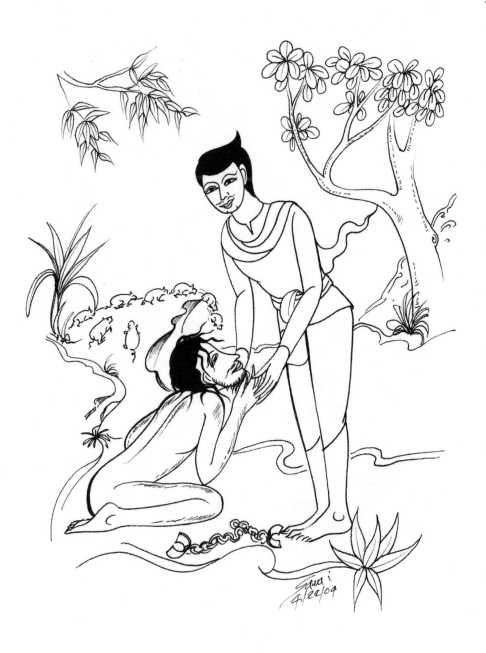

ปลดปล่อยผู้คน
จากการถูกพวกมารผีร้ายเข้าสิง

ลูกา 8:26-39

He gave freedom to those in bondage to
the power of evil.

Luke 8:26-39

เขาให้เกียรติยกย่องสตรี
กู้ศักดิ์ศรีแห่งคุณธรรม

ลูกา 8:1-3

He honored
the position of women.

Luke 8:1-3

เขาสอนเรื่องการให้อภัย
ดุจบิดาผู้เฝ้าคอยบุตรหลงกระเจิง
ที่ได้กลับคืนมา

ลูกา 15:11-32

He taught of a forgiving father
who eagerly awaits the return
of children who have run away.

Luke 15:11-32

ความตายก็มิอาจฉุดรั้ง
พลังแห่งความรักที่เขาผู้นี้เป็นผู้มอบให้

ยอห์น 11:1-44

Death was not a barrier
to his demonstration of love.

John 11:1-44

ตู้
กวาย
เงิน
3/25/05

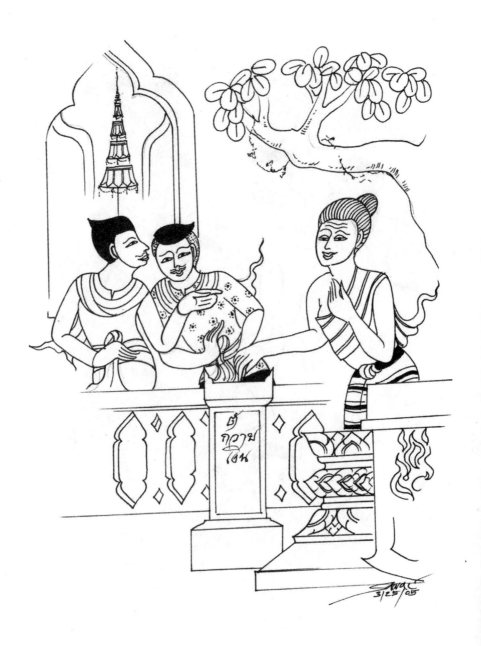

เขาสนใจห่วงใยคนเล็กน้อย
ผู้มากล้นด้วยจิตศรัทธา

มาระโก 12:41-44

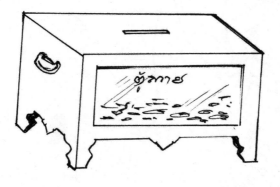

The motives of people's hearts
were his personal concern.

Mark 12:41-44

เขาชำระสิ่งรกร้ายในศาสนสถาน
จากพวกมารผู้รักษาธรรมจอมปลอม

ยอห์น 2:14-22

In righteous anger,
he attacked religious hypocrisy.

John 2:14-22

ปวงชนแซ่ซ้อง ยกย่องเขา
ทั้งที่การปฏิบัติตน
มิได้หวังสถานะและอำนาจ

ยอห์น 12:12-19

He was popular even though
he had no desire for fame
or political position.

John 12:12-19

มีหนึ่งมิตรชิดใกล้
ได้ทรยศหักหลัง
เพราะรักสินจ้าง
มากกว่าความชอบธรรม

ลูกา 22:3-6

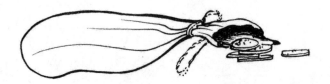

He was betrayed by a close friend
who loved money more
than the way of truth.

Luke 22:3-6

เขาวางแบบเรื่องการรับใช้ คือ เกียรติอันยิ่งใหญ่ ของความเป็นผู้นำ

ยอห์น 13:1-20

He showed a kind of leadership
that humbly served even those
who would deny him.

John 13:1-20

ชีวิตของเขาเปรียบดังอาหาร
ที่ต้องยอมตายสลายตน
สำหรับคนที่ยินยอมเฝ้าติดตาม

มัทธิว 26:26-29

He compared his life to food and drink
broken and poured out
for those who will follow him.

Matthew 26:26-29

เขาตกในห้วงลึกแห่งความทุกข์
เนื่องด้วยการทรยศและปฏิเสธ

มัทธิว 26:36-46

He suffered deep sorrow, personal betrayal, and abandonment.

Matthew 26:36-46

แม้ต้องรับโทษฑัณฑ์โบยตี
ก็มิมีปริปากปกป้องตัวเอง

ยอห์น 19:1-9 อิสายห์ 53:7

When falsely accused
he refused to defend himself.

John 19:1-9, Isaiah 53:7

4/25/04

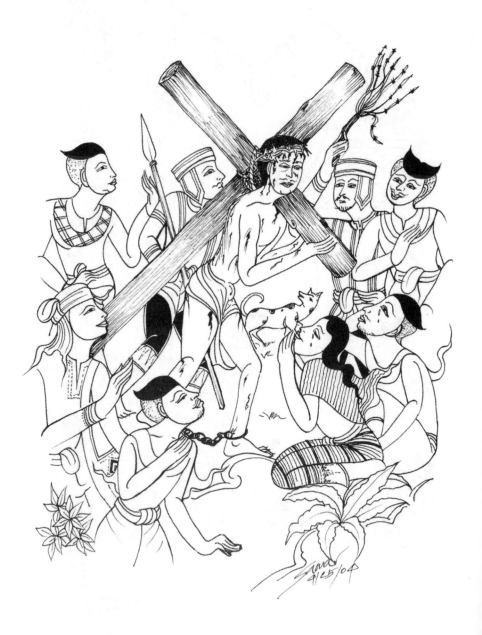

ยอมรับความทรมาน
แม้ต้องถึงตายก็ยินดี

มัทธิว 27:27-31

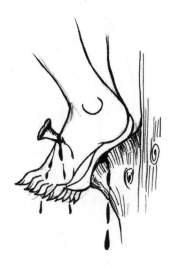

Although not guilty
he willingly experienced the tormented
death of a criminal.

Matthew 27:27-31

การตายของเขา
ทำให้เราได้มีชีวิตใหม่

1โครินธ์ 15:3-4

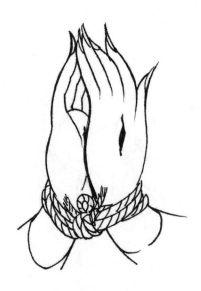

Through his death
All can have new life.

1Corinthians 15:3-4

Sarai
9/27/09

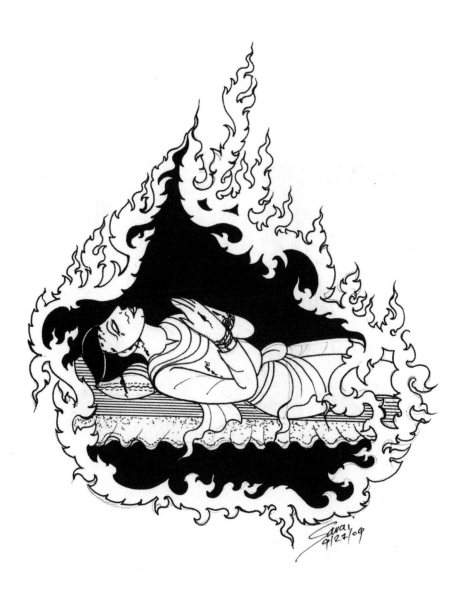

อำนาจมืดแห่งความตาย
หมดสิ้นไร้พิษสงสำหรับเขา

มัทธิว 28:1-8

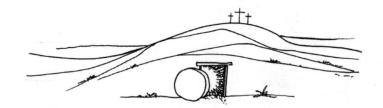

Death failed to contain him.

Matthew 28:1-8

เปิดตาเปิดใจให้ผู้ใฝ่แสวงหา
ได้เห็นสิ่งสัจธรรม

ลูกา 24:13-35

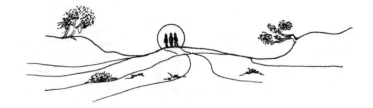

He appears to seekers
and opens their hearts.

Luke 24:13-35

3/20/05

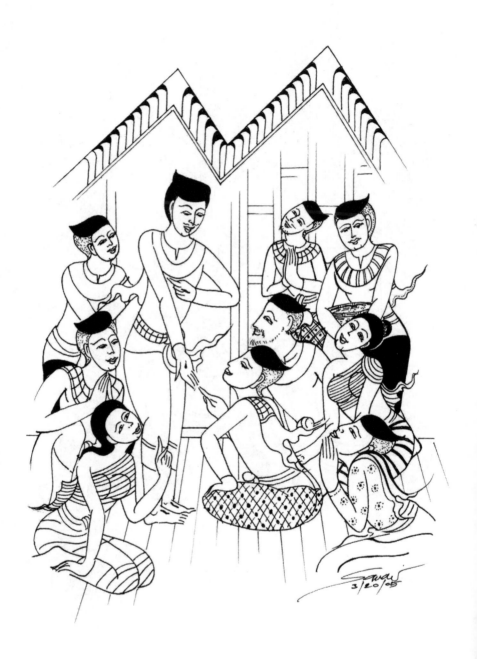

ดูสิ! ดูสิ!
เขามีชีวิตเป็นขึ้นมาใหม่จริง ๆ

ลูกา 24:36-49

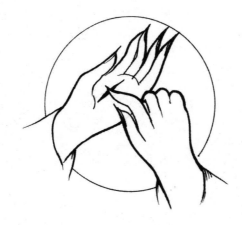

Come and see that he is alive.

Luke 24:36-49

คำมั่นสัญญาอันศักดิ์สิทธิ์คือ
เขาคนนั้นแหละ
ที่จะคงอยู่กับเราตลอดไป

มัทธิว 28:16-20

He promised that
he would be with us always.

Matthew 28:16-20

คนที่พระเจ้าประทานให้เป็นพระบุตร
มาไถบาปและสั่งสอนมวลมนุษย์
คือพระเยซูคริสต์ผู้มาต้อยต่ำ
แต่แท้จริงคือผู้สูงสุด
เขา . . . คนนั้นแหละ

Born like us, in life and pain,
Through his humanness he proclaimed
Our Creator's deepest heart
All because he simply came
As that man.

คำอธิบายภาพ
About the Pictures

Cover and title page. The royal line of the people of Israel was called the line of Jesse. When this lineage ended, all hope was lost. Yet God promised that the holy seed would be the stump in the land (Isaiah 6:13).

ราชอาณาจักรของชนชาติอิสราเอล คือสายของเจสซี่ เมื่อสายนี้สิ้นสุดแล้ว
ชนชาตินั้นหมดความหวัง แต่มีคำสัญญามาจากพระเจ้าที่บอกว่า
พันธุ์ตอของเจสซี่เป็นพันธุ์บริสุทธิ์ (อิสยาห์ 6:13)

P. 5. God's promise stated that out of the roots of the stump of Jesse would come a new shoot. That new branch was promised to bear fruit. That new shoot was another way of describing the one who came among us—Jesus himself (Isaiah 11:1).

คำสัญญาจากพระเจ้าได้เขียนไว้ว่า จะมีหน่อออกมาจากตอแห่งเจสซี่
จะมีกิ่งงอกออกมาจากรากทั้งหลายของเขา (อิสยาห์ 11:1)
กิ่งใหม่นั้นหมายถึงคนนั้นแหละที่มาอยู่กับเรา องค์พระเยซูเอง

Pp. 6-7. Thai angels appear in royal dress as heavenly ambassadors with whom people can communicate. The position of Mary's hands indicates her joyful willingness upon receiving the Angel's good news.

เทวดาได้มาปรากฏด้วยการแต่งกายที่ดีเลิศ ซึ่งเปรียบเสมือนทูตจากสวรรค์
ที่สามารถสื่อสารกับมนุษย์ได้ ตำแหน่งมือของนางมารีย์แสดงให้เห็นถึง
ความ ชื่นชมยินดีของนางที่เต็มใจจะกระทำตามความปรารถนาของข่าวดีที่
นางได้รับมาจากเทวดา

Pp. 8-9. Most Thai villages have an open *sala* where, in the past, strangers could spend the night. The doves and the animals show their praise at the birth.

ศาลาริมทางตามชนบทเป็นที่พักของผู้เดินทางเพื่อพักอาศัยในยามค่ำคืน
บรรดาสัตว์น้อยใหญ่ต่างพากันสรรเสริญกุมารที่บังเกิดในคืนนั้น

Pp.10-11. The low social status of these men is indicated by the fact that they are wearing only one piece of cloth, all that they own. They are men of different ages working out in the fields raising animals. No one usually visits them.

ชนชั้นกรรมมากรที่นุ่งผ้าเตี่ยวต่างวัย ที่อยู่กลางทุ่งเพื่อเลี้ยงสัตว์ เป็นกลุ่มคนที่ขาดการเอาใจใส่ดูแล

Pp. 12-13. Their hairstyle and white-robed costumes indicate that these men are religious scholars searching for truth. They bring gold and incense, and a Brahmin blessing for the one who completes their lengthy and distant pilgrimage.

ผมที่เกล้ารวมทั้งการแต่งกาย คือผู้รอบรู้ทางธรรม ได้นำทองคำ กำยาน และมดยอบ มาถวายแก่ผู้บังเกิดนั้น

Pp. 14-15. People of high status would ride horses or elephants when they travel. Joseph and Mary are not rich so they walk to escape danger. They must travel through wild countryside where no one is around to help them.

การใช้ม้าหรือช้างเป็นพาหนะเป็นของผู้มีอันจะกิน ส่วนโยเซฟและมารีย์ มิได้เป็นเช่นนั้น การเดินจึงยากลำบากมีอันตรายรอบด้าน ไม่มีใครคอยช่วยเหลือ

Pp.16-17. The shaded area under the second floor of the house is where the activities of home take place. Here, the young child and his mother are modeling clay water buffalo.

ชานบ้านคือที่เหมาะกับการทำงานของคนในครัว เด็กน้อยกับมารดาต่างพากันปั้นวัวปั้นควายกันอย่างชื่นบาน

Pp. 18-19. The elders are both religious and political as indicated by their clothing. Thai scripture is written on folded palm leaf manuscripts and raised on small tables. The object in the bowl is used for ceremonial purposes. The boy's hair will be cut at age twelve when, according to Thai tradition, he becomes a complete person. This makes his young wisdom all the more amazing.

ผู้เคร่งธรรมต่างพากันอ่านคัมภีร์ใบลานและตระเตรียมพานพุ่มบายศรีเพื่องานทางศาสนา พากันประหลาดใจที่เด็กน้อยไว้ผมจุกผู้ถือว่ายังเยาว์ด้วยปัญญาจะรอบรู้ทางธรรมยิ่งนัก

Pp. 20-21. Carpenters are considered skilled craftsman who do detailed work. Here, Jesus is making a wooden spindle on which his mother will spin silk thread.

ช่างไม้ที่มีฝีมือมักใส้งานที่มีความละเอียดประณีต
พระเยซูก็มีความสามารถเช่นนั้น พระองค์ทรงต่อเครื่องปั่นด้ายแก่มารดาสำหรับทอผ้า

Pp. 22-23. The man (John) is pouring water from the conch shell to anoint Jesus for a special task. The use of anointing shells originally came from Hinduism but is now used for special ceremonies in Thailand and surrounding countries. Jesus shows his willingness to identify with this tradition by raising his hands in a wai position indicating surrender.

ยอห์นได้สรงน้ำแก่พระเยซู ด้วยหอยสังข์ซึ่งถือว่าเป็นพิธีศักดิ์สิทธิ์
และทรงรับด้วยความถ่อมพระองค์

Pp. 24-25. High cliffs are one of the places where Thai people go for meditation and spiritual enlightenment. Satan is represented as a repulsive figure that is neither human nor spiritual offering power to the starving Jesus. The stones in the small picture represent the first temptation.

บนภูเขาสูงคือสถานที่ภาวนาและเสริมสร้างชีวิตฝ่ายจิตวิญญาณของผู้แสวงหา มารมาล่อลวงพระเยซูโดยแลกเปลี่ยนเรื่องอำนาจทางจิตวิญญาณก็จะมอบอำนาจแห่งการปกครองไพร่ฟ้าประชาชนให้ แต่พระองค์ปฏิเสธ

Pp. 26-27. Only qualified, trained leaders know the dharma (truth) yet Jesus made claims that threatened the establishment. He is being chased out of the temple because his people thought him merely a carpenter. They intended to throw him down the cliff, shown in the small illustration, but he just passed by.

ถึงแม้จะรู้ว่าสิ่งที่พระเยซูกล่าวในเรื่องพระธรรมจะเป็นความจริง ผู้นำศาสนา
ก็พากันผลักไสไล่ส่งให้ออกจากพระวิหาร เหตุเพราะความเป็นช่างไม้
อันมิควรจะกล่าวถึงสิ่งสูงสง พระองค์จึงจากไป

Pp. 28-29. In the past, Thai people stayed only within their own groups. The Lanna people of the north stayed with the Lanna. The Isaan of the northeast stayed with their own kind. Those from the central region would not cross into other regions. In this picture, Jesus is shown crossing over into the region of the foreigners to teach them the dharma. The small picture shows a city that is not Thai; it is the land of the foreigners.

คนหลากหลายเชื้อชาติเผ่าพันธุ์ ทั้งล้านนา อีสาน และอื่นๆ
การทำมาหากินก็อยู่เฉพาะถิ่น รวมทั้งความเชื่อจารีตประเพณีก็ต่างกัน
พระเยซูข้ามผ่านและนำเขาเหล่านั้นมาสู่ธรรมแท้

Pp. 30-31. Fisherman spent their time finding fish to feed their family and sold what was left. It is not common for fishermen to be interested in or qualified for a study of the dharma but Jesus called them anyway.

ชาวประมงหาปลาเพื่อประทังชีวิตและเพื่อค้าขาย
เป็นสิ่งที่ผิดปกติหากเขาเหล่านั้นจะมาสนใจในเรื่องธรรมะ
แต่พระเยซูผู้นั้นแหละได้นำเขามาสนใจทางนี้

Pp. 32-33. It is unusual for anyone to seek out another at night unless it is desired to be kept secret. In the large picture, betel nut and condiments are laid out to welcome the guest even at the late hour. Nicodemus's robe and bared shoulder show he is a religious devotee.

นอกเสียจากในการคุยเรื่องลับเฉพาะ การพบกันครั้งนี้จึงสำคัญยิ่ง
นิโคเดมัสผู้เชี่ยวชาญเรื่องธรรมะจึงต้องมาสนทนาธรรมกับพระองค์

Pp. 34-35. There are people from every gender, age, and status level of Thai society represented in this picture. All of them are seeking Jesus. The smaller picture shows Jesus' right hand in a blessing position and his left hand in a helping position, indicating his desire to reach out to all.

คนทุกเพศทุกวัยและทุกสถานนะทางสังคม ต่างพากันมาฟังคำสอน
ของพระเยซู ผู้ชี้ทางรอดจากบาปแก่เขา

Pp. 36-37. Jesus is dressed in a different style of clothing than the style of the woman who is shown as a Lanna Thai northerner. It is unusual for him to talk to a person from a different region, especially a woman. The clothes, the roof of the house in the background, and the dipper for water all indicate that this is in northern Thailand.

ความแตกต่างของพระเยซูกับผู้หญิงข้างบ่อน้ำนั้นเป็นการยากที่จะเกิด
การสนทนาซึ่งกันและกัน เพราะความแตกต่างของท้องถิ่น

Pp. 38-39. Normally, a person of high social status would not climb into a tree; he would have others to lift him up. Apparently all of Zaccheus' workers were gone at the time. The person in the front is a strict religious leader and thinks that one who follows the dharma would not associate with corrupt people like Zaccheus. The man on the right is laughing behind Jesus' back.

ชนชั้นสูงไม่จำเป็นต้องปีนป่ายต้นไม้หรือให้ความสนใจกับใครเป็นพิเศษเช่น
เซคาริยาที่ทำ เหตุเพราะชายผู้ยืนอยู่ตรงหน้าได้สอนธรรมที่เป็นของทุกคน
แม้คนนั้นจะเป็นคนเช่นไร จึงทำให้คนทั่วไปขบขันในสิ่งที่เขากระทำ

Pp. 40-41. Usually, Thai men spend their free time with other men. Women only enter to serve them food, but here a woman has entered into the male social space in a counter-cultural way. Not only is she female, she is a lowly prostitute. Although a Thai woman may sometimes wash her husband's feet, she will never use her hair to dry them. The men observing her are shocked at it all.

สังคมไทยผู้ชายจะอยู่ในกลุ่มผู้ชาย ผู้หญิงจะอยู่ด้านในของบ้านเพื่อเตรียม
อาหาร แต่ผู้หญิงคนนี้เข้ามาอยู่ท่ามกลางผู้ชาย อีกทั้งยังเป็นโสเภณีที่
สังคมรังเกียจ ส่วนการล้างเท้าผู้หญิงควรกระทำแก่สามีคนเดียวเท่านั้น
ยิ่งเธอกลับใช้ผมของเธอมาเช็ดเท้าพระเยซู อันเป็นที่ตกตะลึงแก่ผู้คนอย่างยิ่ง

Pp. 42-43. Adult activities are only for adults and the activities of child are only for children. Usually only very elderly Thai adults will spend time with children, but here we see Jesus doing it. The shaved hairstyles are different for the different boys and girls. Those with two pony tails are actually boys with two crowns of hair indicative of either great intelligence or belligerence.

การเล่นของเด็กเป็นกิจกรรมที่เกิดขึ้นโดยปกติระหว่างเด็กๆ ด้านผู้ใหญ่จะไม่
เข้าไปร่วมด้วย พระเยซูได้อยู่ท่ามกลางเด็กๆ ที่แตกต่างทั้งทรงผม
เด็กชายและเด็กหญิง ที่แสดงถึงฐานะของเด็กแต่ละคนเป็นสำคัญ

Pp. 44-45. The three onlookers are in a position of fear because they do not understand what they see. It is scary for Thai people when spirits appear. The sala in the small picture is what one of the followers suggested they build there to appease the spirits they saw that day.

ปรากฏการณ์นี้ไม่ใช่สิ่งธรรมดา เขาจึงประหลาดใจยิ่งนัก สิ่งที่น่าหวาดกลัว
หากจะต้องเห็นภาพของวิญญาณ เขาเหล่านั้นผู้ติดตามพระเยซูจึงได้
ขอสร้างศาลาไว้ ณ สถานที่แห่งนี้

Pp. 46-47. Successful Thai gatherings are always crowded. Four people carrying a wooden bed is a symbol to Thai people of death. Here Jesus symbolizes resurrection by raising the man from the sick bed back to health in body and soul.

การช่วยเหลือซึ่งกันและกันนั้นสำคัญยิ่ง ชายสี่คนหย่อนแคร่คนที่ป่วยหนัก
ลงจากหลังคาเพื่อให้พระองค์รักษา พระเยซูทรงใช้การรักษาชายที่เป็น
ง่อยกลับมีร่างกายที่สมบูรณ์และหายป่วยเป็นภาพเปรียบเทียบ
ของการเป็นขึ้นมาจากความตาย

Pp. 48-49. For Thai society, fish and rice are the staples of life. In the small bowls are servings of hot rice. Thai people welcome free food anytime.

ข้าวปลาอาหารเป็นสิ่งประทังชีวิต ข้าวปลาร้อนๆ
อันเป็นสิ่งที่พึงปรารถนาอย่างยิ่ง

Pp. 50-51. Fishermen relied upon their folk knowledge in order to survive. It is strange that they did not know what to do in the midst of a storm but Jesus did.

ชาวประมงมักจะเป็นผู้ที่หยั่งรู้ดินฟ้าอากาศสำหรับการออกเรือเป็นอย่างดี เป็นสิ่งที่ประหลาดมากในที่นี้ที่เขาไม่รู้ว่าจะทำอย่างไรกับลมพายุที่เกิดขึ้น แต่พระเยซูทรงรู้

Pp. 52-53. In the religious cultures of Asia, it is often believed that people are blind because of their past karma. The blind often resort to begging in order to survive. Here the blind man stretches out his arms in a polite way to receive a donation but instead he connects with a healing touch. The onlookers are shocked to see Jesus making physical connection with a lowly beggar with bad karma.

บางคนเชื่อว่าคนที่เกิดมาตาบอดเป็นเพราะกรรมเก่าของเขา และคนตาบอดก็มักจะมีอาชีพขอทานเพื่อที่จะมีชีวิตอยู่รอด ในที่นี้ชายตาบอดได้ยื่นมือออกไปด้วยความสุภาพเพื่อจะรับเงินบริจาค แต่ตรงกันข้ามเขากลับได้รับการรักษาแทน คนที่ดูอยู่นั้นก็ตกใจที่เห็นพระเยซูทรงรักษาชายตาบอดที่ต่ำต้อยคนนี้ให้หายจากกรรมเก่าของเขา

Pp. 54-55. In Thai society, those who are possessed by evil spirits are usually the weak or mentally unstable. This man is shown as freed from his spiritual and physical chains. Even though he is naked Jesus is not ashamed to be close to him. The small picture shows the furious eyes of the defeated evil spirits.

สำหรับสังคมคนไทยใครก็ตามที่ถูกผีสิงจะอ่อนแอและมีปัญหาทางจิตที่ไม่ปกติ แต่ชายผู้นี้ได้แสดงให้เห็นว่าเขาเป็นอิสระจากโซ่ตรวนทั้งทางฝ่ายวิญญาณและร่างกาย ชายผู้นี้ได้รับอิสระทั้งทางร่างกายและจิตวิญญาณ ถึงแม้ว่าร่างกายของเขาจะเปลือยเปล่า แต่พระเยซูก็ไม่ทรงละอายที่จะเข้าใกล้เขา

Pp. 56-57. Jesus honored the role of all women, both listeners and servers. He spent time in their presence.

พระเยซูให้ความสำคัญแก่ทุกคน ทั้งผู้หญิงที่นั่งฟังพระองค์และผู้เตรียมอาหาร ทรงให้เวลาในการรับฟัง

Pp. 58-59. His posture and clothing indicate that the father is a wealthy, powerful man. He does not look down on his son as he crawls to him like a dog in sorrowful repentance. Instead he reaches out for him to stand. Then he will look in his son's eyes and, fully restored, confirm his love in a way that is beyond words.

ท่าทางและการแต่งกายของเขาแสดงให้รู้ว่าผู้เป็นพ่อมีฐานะที่มั่งคั่ง
เป็นผู้มีอิทธิพล เขาไม่ได้ดูถูกลูกชายที่คลานเข้ามาหาเขาเหมือนอย่างสุนัข
ที่เต็มไปด้วยความรู้สึกโศกเศร้าเสียใจต่อสิ่งที่ได้กระทำไป ตรงกันข้าม
ผู้เป็นพ่อได้เข้าไปหาลูกชายประคองให้เขายืนขึ้น จากนั้นเขาได้มองที่ตา
ของลูกชาย ที่เต็มไปด้วยการกลับคืนดีและตอกย้ำถึงความรัก
ของเขาทีมีต่อลูกชายที่เกินกว่าคำอธิบายใด ๆ

Pp. 60-61. Usually when a Thai person dies, the body is kept in a wooden casket for three days or longer before the cremation. Incense, as shown in the small picture, is kept burning during the time proceeding the funeral.

เป็นธรรมดาเมื่อคนไทยเสียชีวิต ร่างกายของเขาจะถูกบรรจุไว้ในโลงไม้
ประมาณสามวันหรือนานกว่านั้นก่อนจะนำไปเผา การจุดธูปที่แสดง
ในภาพนี้ จะกระทำในพิธีศพนี้ด้วย

Pp. 62-63. In the front of Thai temples is a box on which is written "Donations." Thai people like to make a great show of giving money in public but Jesus is pointing out that even the smallest amount given from a generous heart is worth more to God than a large amount given out of selfish motives.

กล่องหน้าวิหารมีข้อความว่า เชิญบริจาคตามศรัทธา มักเป็นที่แสดงถึงฐานะ
ของผู้บริจาค แต่พระเยซูทรงชี้ให้เห็นคุณค่าแห่งการให้มาจากใจ

Pp. 64-65. Jesus is doing something extremely dangerous here. The Thai temple is a place in which it is considered by religious people inappropriate to show any anger or strong emotions. It has to be an extremely urgent reason for someone to do something as violent as this in such a sacred space.

พระเยซูได้กระทำในสิ่งที่ค่อนข้างอันตรายในที่นี้ ในวัดของคนไทยเป็นสถาน
ที่สำคัญทางศาสนา ไม่เป็นการสมควรอย่างยิ่งที่จะแสดงความโกรธหรือ
อารมณ์ที่รุนแรงออกมา เป็นการกระทำที่ไม่สมควรอย่างมากที่ใครสักคนจะ
กระทำในสิ่งที่รุนแรงและใช้กำลังในสถานที่สำคัญเช่นนี้

Pp. 66-67. Entry into a city for royalty or important figures even today in Thai society means that those person's feet should not touch the ground. Clothing and branches must be spread first. Items touched by important figures are often considered blessed and are immediately collected and treated with special care afterward by their owners.

การเดินทางเข้าเมืองของกษัตริย์ หรือคนที่มีชื่อเสียงแม้ในปัจจุบันในสังคม ไทย มีความหมายว่าบุคคลเหล่านั้นเท้าจะต้องไม่สัมผัสกับพื้นดิน จะต้องมี การปูทางด้วยผ้าหรือกิ่งไม้ก่อน สิ่งที่ถูกสัมผัสจากบุคคลที่สำคัญจะ ถือว่า เป็นพระพรอย่างมาก และทันที่ทันใดสิ่งนั้นจะถูกเก็บรักษาดูแลอย่างดี เป็นพิเศษโดยผู้เป็นเจ้าของสิ่งนั้น

Pp. 68-69. This picture indicates that corruption takes place even in temples and even among the religious.

ภาพนี้แสดงถึงการทุจริตที่เกิดขึ้นแม้กระทั่งในวัด และเกิดขึ้นโดยผู้นำทางศาสนา

Pp. 70-71. According to old Thai tradition, when you went into the home of someone of high status there would be a slave there to wash your feet. Here Jesus willingly lowers himself to that position. Peter is like us, uncomfortable receiving it from Jesus.

ประเพณีโบราณหากใครถึงเรือนชาน ทาสผู้รับใช้ประจำบ้านจะต้องล้างเท้า ให้แก่แขกผู้มาเยือนพระเยซูได้นอมตนลงล้างเท้าให้เปโตรเชนกัน

Pp. 72-73. Jesus raises a ball of sticky rice, the most important element of the meal, and gives it new meaning. He compares himself with life-sustaining rice, given for many.

พระเยซูคริสต์ทรงหยิบข้าวเหนียวขึ้นมาหนึ่งก้อน ซึ่งเป็นพิธีศีลมหาสนิทที่ สำคัญที่สุดระหว่างมื้ออาหารนั้น และเป็นการให้ความหมายใหม่ พระองค์ทรงเปรียบเทียบพระองค์เองที่เหมือนกับอาหาร เพื่อยังชีพที่ให้กับคนมากมาย

Pp. 74-75. This is a public garden outside of town, a quiet place for meditation. Jesus is deeply troubled.

ที่นี่เป็นสวนสาธารณะที่อยู่นอกเมือง เป็นสถานที่เงียบสงบ
เหมาะสำหรับการภาวนาอธิษฐาน พระเยซูคริสต์ทรงอยู่ท่ามกลาง
ความทุกข์ใจอย่างหนักที่สุดในชีวิตของพระองค์

Pp. 76-77. Whipping used to be a common punishment for Thai criminals. There was a public space in the middle of Thai villages to which the criminal would be tied for whipping. The two figures at the bottom left are two followers who observe in fear and shame.

ลานโล่งคือที่ลงโทษของคนทำผิด โดยการโบย การเฆี่ยนตี และเป็นสถานที่
สาธาณะที่คนสามารถมาดูได้
ท่ามกลางคนเหล่านั้นมีผู้ติดตามพระเยซูผู้ขลาดกลัวและอายก็อยู่ที่นั่นด้วย

Pp. 78-79. Here are all the types of people who followed Jesus: men and women, rich and poor, religious and nonreligious. Their reactions are mixed.

ทั้งผู้ที่เคยติดตามพระเยซู ทั้งชายและหญิง
คนร่ำรวยหรือยากจน ผู้เคร่งทางศาสนาหรือไม่เคร่ง ต่างก็อยู่ในเหตุการณ์
นี้ผสมผสานกัน

Pp. 80-81. Generally, Thai people keep bodies for three days before cremation. Those who die of unnatural causes are not cremated but buried. In some regions of Thailand, people tie the wrists of the dead together as shown. The scars of torture are still visible even after cleaning. In this drawing, flames symbolically protect the body from decay.

โดยปกติแล้ว คนไทยจะเก็บร่างกายของผู้ตายไว้สามวันก่อนจะทำพิธี
เผาศพ สำหรับผู้ที่ตายด้วยเหตุผลที่ไม่เป็นไปตามธรรมชาติ ร่างกายของ
เขา จะไม่ได้ถูกนำไปเผาแต่จะถูกนำไปฝัง คนไทยบางคนจะ ผูกข้อมือ
ของผู้ตายไว้ด้วยกัน ดังภาพที่ได้แสดงให้เห็น สิ่งที่น่ากลัวของความเจ็บ
ปวดและความทุกข์ทรมานอย่างแสนสาหัสยังปรากฏให้เห็นอยู่แม้ว่าจะมี
การชำระความสะอาดแล้ว ภาพวาดนี้เป็นสัญลักษณ์ของการรักษา
ร่างกายของผู้ตายไว้ไม่ให้เปื่อยเน่า

Pp. 82-83. Thai and Jewish culture are the same in that men and women would not associate with each other in public, particularly during the dark hours of dawn. But Jesus does exactly that when he appears alive again.

คนไทยและคนยิวมีวัฒนธรรมที่เหมือนกันคือ ผู้ชายและผู้หญิงจะไม่คบค้าสมาคมซึ่งกันและกันในที่สาธารณะ โดยเฉพาะอย่างยิ่งในเวลาค่ำคืน แต่พระเยซูคริสต์ทรงกระทำสิ่งนี้อย่างชัดเจนเมื่อพระองค์ทรงปรากฏถึงการมีชีวิตของพระองค์อีกครั้ง

Pp. 84-85. When Jesus raises a cup of water, the two followers suddenly recognize who he is. The water container in the front is northern Thai style. Water is drunk at the end of the meal in Thailand. Water is also a symbol of life.

เมื่อพระเยซูทรงยกถ้วยน้ำขึ้น ผู้ที่ติดตามพระองค์สองคนนั้นก็จำพระองค์ได้ น้ำถูกบรรจุอยู่ในภาชนะแบบทางเหนือ น้ำจะดื่มหลังจากที่รับประทานอาหารเสร็จ น้ำเป็นสัญญลักษณ์ที่แสดงถึงชีวิตด้วย

Pp. 86-87. Jesus allows himself to be touched by all. This picture shows a selection of all types of people from various regions and even a foreigner. They witness his new life.

พระเยซูทรงอนุญาตให้ทุกคนสัมผัสพระองค์ได้ ภาพนี้แสดงถึงการทรงเลือกที่มีต่อคนทุกเชื้อชาติ ไม่ว่าจะเป็นคนไทยที่ต่างศาสนากัน หรือแม้กระทั่งคนต่างชาติ เขาเหล่านั้นได้เป็นพยานถึงชีวิตใหม่

Pp. 88-89. Again, many types of people are present when Jesus goes to heaven. This picture has a vertical border pointing upward to the direction in which Jesus is headed and from where he will come again someday.

อีกครั้งที่ผู้คนมากมายได้เห็นการเสด็จขึ้นสู่สวรรค์ และพระองค์ทรงเป็นผู้แรกที่กระทำเช่นนี้และพระองค์จะเสด็จกลับมาอีกในไม่ช้า

The scripture writes that this man grew up like a tender shoot, like a root out of dry ground. He had no beauty or majesty to attract us to him, nothing in his appearance that we should desire him (Isaiah 53:2-3). But it was out of this unlikely person that a new source of life became available to all. Like the tiniest of seeds, this life grew to become one of the largest of all garden plants with such big branches that the birds could come and find shelter in its shade (Matthew 13:31-32). This man became for us an ever-growing tree of life. His grace covers and protects all who freely enter.

พระคัมภีร์ได้เขียนไว้ว่า ท่านได้เจริญขึ้นอย่างต้นไม้อ่อน และเหมือนรากแตกหน่อมาจากพื้นดินแห้ง ท่านได้ถูกมนุษย์ดูหมิ่น และทอดทิ้ง และเราทั้งหลานไม่ได้นับถือท่าน (อิสยาห์ 53:2-3) แต่จากคนนั้นแหละได้เกิดแหล่งของชีวิตใหม่สำหรับทุกคน เหมือนเมล็ดหนึ่งที่เล็กกว่าเมล็ดทั้งปวง ที่แตกกิ่งก้านใหญ่ พอให้นกในอากาศมาทำรังอาศัยอยู่ในร่มนั้นได้ (มัทธิว 13:31-32) อันเล่งถึงพระเยซูจากกล้าเล็กสู่ลำต้นใหญ่ ต้นไม้ที่เห็นเป็นต้นไม้ที่เติบโตอย่างไม่มีที่สิ้นสุด